essentials

essentials liefern aktuelles Wissen in konzentrierter Form. Die Essenz dessen, worauf es als „State-of-the-Art" in der gegenwärtigen Fachdiskussion oder in der Praxis ankommt. *essentials* informieren schnell, unkompliziert und verständlich

- als Einführung in ein aktuelles Thema aus Ihrem Fachgebiet
- als Einstieg in ein für Sie noch unbekanntes Themenfeld
- als Einblick, um zum Thema mitreden zu können

Die Bücher in elektronischer und gedruckter Form bringen das Expertenwissen von Springer-Fachautoren kompakt zur Darstellung. Sie sind besonders für die Nutzung als eBook auf Tablet-PCs, eBook-Readern und Smartphones geeignet. *essentials:* Wissensbausteine aus den Wirtschafts-, Sozial- und Geisteswissenschaften, aus Technik und Naturwissenschaften sowie aus Medizin, Psychologie und Gesundheitsberufen. Von renommierten Autoren aller Springer-Verlagsmarken.

Weitere Bände in der Reihe http://www.springer.com/series/13088

Stephan Schnorr

Optionen in der Energiewirtschaft

Stephan Schnorr
BayWa r.e. Clean Energy Sourcing
GmbH
Leipzig, Deutschland

ISSN 2197-6708   ISSN 2197-6716   (electronic)
essentials
ISBN 978-3-658-30464-5   ISBN 978-3-658-30465-2   (eBook)
https://doi.org/10.1007/978-3-658-30465-2

Die Deutsche Nationalbibliothek verzeichnet diese Publikation in der Deutschen Nationalbibliografie; detaillierte bibliografische Daten sind im Internet über http://dnb.d-nb.de abrufbar.

Planung/Lektorat: Susanne Kramer
Springer Gabler ist ein Imprint der eingetragenen Gesellschaft Springer Fachmedien Wiesbaden GmbH und ist ein Teil von Springer Nature.
Die Anschrift der Gesellschaft ist: Abraham-Lincoln-Str. 46, 65189 Wiesbaden, Germany

Was Sie in diesem *essential* finden können

- Eine allgemeine Einführung in die Funktionsweise von Optionen
- Einsatzmöglichkeiten von Optionen in der Energiewirtschaft
- Ein erster Einstieg in theoretische Ansätze zur Bewertung von Optionen
- Möglichkeiten zur Bewertung von Optionen in der Praxis

Vorwort

In der Bewirtschaftung von energiewirtschaftlichen Portfolien kommen verschiedene Instrumente zum Einsatz. Während Produkte wie Base oder Peak, oder sogenannte Fahrpläne im Repertoire aller Beschaffer sind, sind Optionen bisher seltener Bestandteil des Portfolios. Dabei bilden Optionen durch ihre Charakteristika eine durchaus wertvolle Ergänzung. Um die Einsatzmöglichkeiten beurteilen zu können, ist ein Verständnis des Wesens der Option notwendig. Dieses tritt am deutlichsten zutage, wenn die Auszahlungen betrachtet werden, die bei Einsatz einer Option erzielt werden. Diese lassen sich zu Gewinn- und Verlustdiagrammen weiterentwickeln. Die Antwort auf die Frage nach dem Wesen der Option führt zur Frage, wie ein solches Instrument bewertet werden kann. Eine Frage, die sowohl für den Handel der Instrumente als auch für die korrekte Beurteilung im Unternehmen beantwortet werden muss.

Dr. Stephan Schnorr

Inhaltsverzeichnis

Einleitung 1

Am Energie-Großhandelsmarkt, speziell am Terminmarkt, ist eine Vielzahl unterschiedlichster Akteure aktiv. Genannt seien hier Kraftwerksbetreiber, Handelshäuser sowie Weiterverteiler bzw. Versorger. Die Akteure verfolgen individuelle Ziele und setzen daher unterschiedliche Instrumente ein, um ihre jeweiligen Portfolien zu bewirtschaften. Wie an den Terminmärkten des Finanzmarktes werden auch am Energiemarkt Optionen gehandelt. Im Jahr 2018 wurden an der European Energy Exchange (EEX) in Leipzig Optionen im Volumen von 192 TWh[1] gehandelt, was die Bedeutung dieses Instrumentes unterstreicht.

Im Folgenden soll dieses Instrument näher beleuchtet werden. Dazu erfolgt eine allgemeine Beschreibung des Instrumentes „Option". Weiterhin wird dann ausführlicher die Sicht der Erwerber und Verkäufer von Optionen beschrieben. Darauf aufbauend kann etwas ausführlicher skizziert werden, in welchen Fällen Optionen in der Energiewirtschaft Anwendung finden können. Zur Bewertung dieses Finanzinstrumentes gibt es mittlerweile eine beeindruckende Zahl an Methoden und Ansätzen sowie eine nicht minder beeindruckende Zahl an Büchern, Artikeln und Aufsätzen. An der Stelle soll nur kurz ein Weg zur Ableitung eines der gängigen Bewertungsmodelle skizziert werden. Den Abschluss bildet die Beschreibung einiger Parameter, die in der Bewertung von Optionen und im täglichen Umgang mit ihnen regelmäßig Anwendung finden.

---

[1]Vgl. EEX (2019, S. 61).

S. Schnorr, *Optionen in der Energiewirtschaft,* essentials,
https://doi.org/10.1007/978-3-658-30465-2_1

Bei Optionen handelt es sich um „bedingte Termingeschäfte". Dies bedeutet, dass der Käufer einer Option ein Recht erwirbt. Das Termingeschäft kommt nur unter der Bedingung zustande, dass der Käufer dieses Recht ausübt. Um die Wahrnehmung dieses Rechtes zu ermöglichen, muss die Gegenseite, also hier der Verkäufer der Option, verpflichtet werden.[1]

Am Energiemarkt beziehen sich Optionen auf die an der EEX gehandelten Futures. Konkret sind das Optionen auf Baseload für die nächsten Monate, Quartale und Jahre (Abb. 2.1).

Bevor das Wesen der Option genauer erläutert werden kann, muss eine weitere Unterscheidung vorgenommen werden. Die in der Option gehandelten Rechte können zwei grundsätzliche Ausprägungen haben.

Es kann sich einmal um das Recht handeln, etwas zu kaufen. Man spricht dann von einer **Kaufoption** oder einem **Call**.

Zum anderen kann die Option das Recht beinhalten, etwas zu verkaufen. Hier spricht man von einem **Put** bzw. einer **Verkaufoption**.[2]

Es ist also möglich, eine Option zu erwerben, die dem Käufer das Recht ein räumt, 1 MW Base cal 2020 zu kaufen. Der Verkäufer der Option verpflichtet sich mit Verkauf der Option, dem Optionserwerber dieses Produkt zu verkaufen, so er das mit der Option verbundene Recht ihm gegenüber ausübt. Genauso ist es möglich, eine Option zu erwerben, die einem das Recht einräumt, 5 MW Base Q2-2020 zu verkaufen. Hier verpflichtet sich der Verkäufer dazu, das Produkt zu kaufen.

---

[1]Vgl. Hockmann, Thießen (2007, S. 174).
[2]Vgl. Eglinton (1999, S. 37 f.).

    3

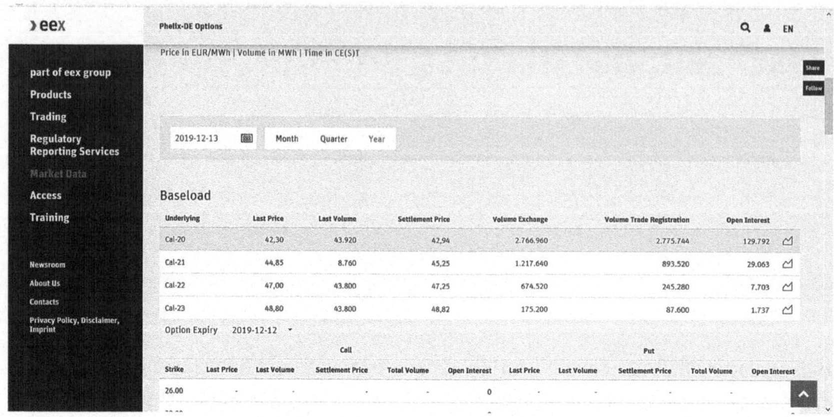

Baseload

Underlying	Last Price	Last Volume	Settlement Price	Volume Exchange	Volume Trade Registration	Open Interest	
Cal-20	42,30	43.920	42,94	2.766.960	2.775.744	129.792	
Cal-21	44,85	8.760	45,25	1.217.640	893.520	29.063	
Cal-22	47,00	43.800	47,25	674.520	245.280	7.703	
Cal-23	48,80	43.800	48,82	175.200	87.600	1.737	

Option Expiry   2019-12-12

| | Call | | | | | Put | | | | |
Strike	Last Price	Last Volume	Settlement Price	Total Volume	Open Interest	Last Price	Last Volume	Settlement Price	Total Volume	Open Interest
26.00	-	-	-	-	0	-	-	-	-	-

Abb. 2.1   Settlements der EEX vom 17.12.2019, © EEX

Um näher zu beleuchten, was diese Geschäfte bezwecken, müssen noch einige weitere Eckpunkte bestimmt werden. Der der Option zugrunde liegende Wert wird als das **Underlying** oder der **Basiswert** bezeichnet. Dies waren in den Beispielen 1 MW Base cal2020 und 5 MW Base Q2-2020.

Jede Option beinhaltet einen **Ausübungs-** oder **Strikepreis.** Dies ist der Preis, zu dem das Recht wahrgenommen, der Basiswert also ge- oder verkauft werden kann. In der Regel werden für einen Basiswert verschiedene Optionen mit jeweils unterschiedlichen Ausübungspreisen gehandelt.

Abb. 2.2 und 2.3 verdeutlichen die Vielzahl der gehandelten Optionen und die Bandbreite an möglichen Ausübungspreisen. Möglich sind hier Ausübungspreise zwischen 28,50 €/MWh und 64,50 €/MWh. Der Settlement des zugrunde liegenden Produktes, des Basiswertes, hier eben das Base cal 2021 wurde am 13.12.2019 bei einem Wert von 44,85 €/MWh ermittelt.

Weiterhin wird unterschieden, ob es das in der Option verbriefte Recht während eines bestimmten Zeitraumes ausgeübt werden kann, oder nur zu einem bestimmten Zeitpunkt, dem Verfalltag. Im ersten Fall spricht man von amerikanischen Optionen. Den zweiten Fall bezeichnet man als europäische Option.[3] An der EEX werden Optionen gehandelt, die zum Verfalltag ausgeübt werden können.[4] Es handelt sich also um europäische Optionen.

---

[3]Vgl. Eglinton (1999, S. 40).

[4]Vgl. EEX [0070a], S. 21.

| Phelix-DE Options | | | | | | | | | | Q ▲ EN |

| | Call | | | | | Put | | | | |
Strike	Last Price	Last Volume	Settlement Price	Total Volume	Open Interest	Last Price	Last Volume	Settlement Price	Total Volume	Open Interest
28.50	·	·	16,752	·	0	·	·	0,002	·	0
29.00	·	·	16,252	·	0	·	·	0,003	·	0
29.50	·	·	15,754	·	0	·	·	0,004	·	0
30.00	·	·	15,255	·	0	·	·	0,006	·	0
30.50	·	·	14,758	·	0	·	·	0,008	·	0
31.00	·	·	14,260	·	0	·	·	0,011	·	0
31.50	·	·	13,764	·	0	·	·	0,014	·	0
32.00	·	·	13,269	·	0	·	·	0,019	·	0
32.50	·	·	12,775	·	0	·	·	0,025	·	0
33.00	·	·	12,282	·	0	·	·	0,032	·	0
33.50	·	·	11,791	·	0	·	·	0,041	·	0
34.00	·	·	11,302	·	0	·	·	0,053	·	0
34.50	·	·	10,816	·	0	·	·	0,067	·	0
35.00	·	·	10,333	·	0	·	·	0,083	·	0

Abb. 2.2 Strikes für Base cal2021 (per 13.12.2019, Ausschnitt), © EEX

Strike	Last Price	Last Volume	Settlement Price	Total Volume	Open Interest	Last Price	Last Volume	Settlement Price	Total Volume	Open Interest
60.50	·	·	0,074	·	0	·	·	15,324	·	0
61.00	·	·	0,066	·	0	·	·	15,815	·	0
61.50	·	·	0,058	·	0	·	·	16,308	·	0
62.00	·	·	0,051	·	0	·	·	16,801	·	0
62.50	·	·	0,045	·	0	·	·	17,295	·	0
63.00	·	·	0,040	·	0	·	·	17,790	·	0
63.50	·	·	0,035	·	0	·	·	18,285	·	0
64.00	·	·	0,031	·	0	·	·	18,781	·	0
64.50	·	·	0,027	·	0	·	·	19,277	·	0

Abb. 2.3 Strikes für Base cal2021 (per 13.12.2019, Fortsetzung), © EEX

Damit können die eingangs angeführten Beispiele nun konkretisiert werden.

Call
Kauf von 1 MW Base cal 2020 zu 45,00 €/MWh.

Put
Verkauf von 5 MW Base Q2-2020 zu 48,00 €/MWh.

Die geschilderte Kaufoption ermöglicht den Kauf des Baseloads zu einem Preis
von 45,00 €/MWh.

Liegt der aktuell am Terminmarkt gehandelte Preis des Produktes unter dem
Ausübungspreis der Option, wird der Optionskäufer von seinem Recht keinen
Gebrauch machen.

Je weiter der aktuelle Marktpreis über dem Ausübungspreis der Kaufoption
liegt, desto vorteilhafter wäre die Ausübung der Option. Für Verkaufsoptionen gilt
das Gegenteil. Hier wird die Ausübung bei fallenden Preisen vorteilhafter. Dieser
Punkt wird im kommenden Absatz vertieft.

Das in der Option verbriefte Recht bezieht sich formell auf den Kauf bzw. den
Verkauf des zugrunde liegenden Basiswertes. Es ist heutzutage jedoch eher üblich,
nicht den Basiswert zu handeln, sondern stattdessen die unterschiedlichen Werte
durch Geldzahlungen auszugleichen. Man spricht hier von „cash settlement".[5]

---

[5]Vgl. Eglinton (1999, S. 38).

Das Wesen der Option

3

Im vorangegangenen Abschnitt wurde bereits beschrieben, in welchen Fällen die Ausübung einer Option vorteilhaft wäre. Dieser Aspekt wird im kommenden Abschnitt noch genauer betrachtet, es erfolgt hier eine kurze Beschreibung des Wesens einer Option. Um das Instrument der Option am Energiemarkt besser verstehen zu können, erfolgt im ersten Schritt ein Blick auf die möglichen Auszahlungen am Verfalltag.[1] Mit dem Verfalltag stellt sich dem Optionsinhaber die Frage, ob er diese Option ausübt, das darin verbriefte Recht wahrnimmt oder nicht. Die aus dieser Entscheidung resultierenden Zahlungsströme werden im Folgenden dargestellt. Dabei wird die Sicht des Erwerbes und die Sicht des Verkäufers betrachtet.

In den nachfolgenden Beispielen wird von einem finanziellen Ausgleich ausgegangen. Statt also den der Option zugrunde liegenden Basiswert zu handeln, werden die sich ergebenden Differenzen finanziell ausgeglichen.

3.1 Die Sicht des Erwerbers

Der Erwerber einer Option hat die Möglichkeit, ein Recht auszuüben. In diesen Beispielen ist es das Recht, einen Basiswert (zum Beispiel 1 MW Baseload im cal2021) zu einem bestimmten Preis (sagen wir 45,00 €/MWh) zu kaufen oder zu verkaufen. Beide Fälle werden, beginnend mit der Kaufoption, dargestellt.

Mit diesen Informationen kann nun das Auszahlungsdiagramm erstellt werden.

---

[1]Auf Ausübung während einer Laufzeit wird hier der Einfachheit halber nicht weiter eingegangen.

Dieses Diagramm (Abb. 3.1) gibt das eben Beschriebene wieder. Liegt der Kurs des Basiswertes unter dem angenommenen Ausübungspreis von 45,00 €/MWh wird die Option nicht ausgeübt. Da der Preis des Base cal2021 am Markt niedriger wäre, würde sich der Optionsinhaber am Markt eindecken, statt den Kauf zum höheren Ausübungspreis im Rahmen der Option zu wählen. Der Käufer erhält somit keinerlei Zahlungen aus der Option. Ab dem Preis von 45,00 €/MWh ergeben sich Auszahlungen, da dann der Kauf zum in der Option festgelegten Ausübungspreis günstiger ist, als der Einkauf zu Marktpreisen. Wird das cal2021 am Terminmarkt bei 51,00 €/MWh gehandelt, beträgt die Differenz zum Ausübungspreis der Option 6,00 €/MWh. Der unterstellte finanzielle Ausgleich führt nun dazu, dass der Optionsinhaber bei Ausübung diese Differenz von 6,00 €/MWh ausgezahlt bekommt.

Diese Überlegungen betrachten lediglich den Moment der Ausübung. Außen vor bleibt der Kaufpreis, der für den Erwerb der Option zu zahlen war. Wie für jedes andere Gut auch muss beim Erwerb der Option ein Kaufpreis für diese gezahlt werden. Diesen bezeichnet man als Optionsprämie. In sogenannten Gewinn- und Verlustdiagrammen wird dies mit einbezogen (Abb. 3.2).

Die Linie verläuft anfangs im negativen Bereich. Bei Marktpreisen unter dem vereinbarten Ausübungspreis wird die Option nicht ausgeübt. Dem Inhaber der Option entsteht ein Verlust in Höhe der bei Kauf der Option gezahlten Optionsprämie. Die

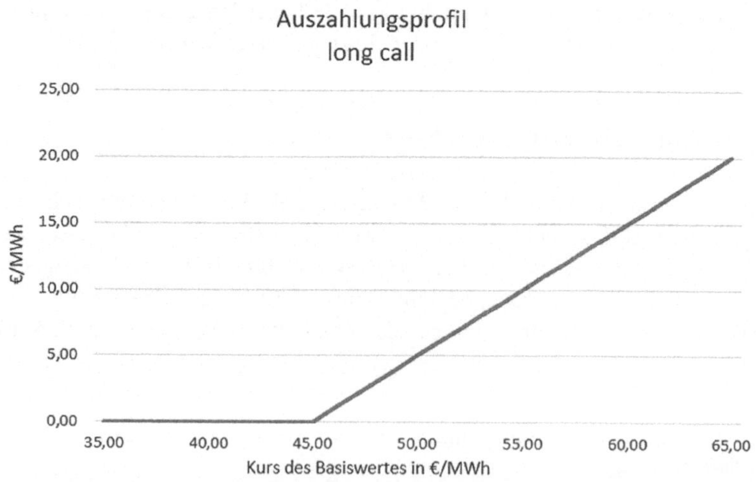

Abb. 3.1 Auszahlungsprofil des Käufers einer Kaufoption

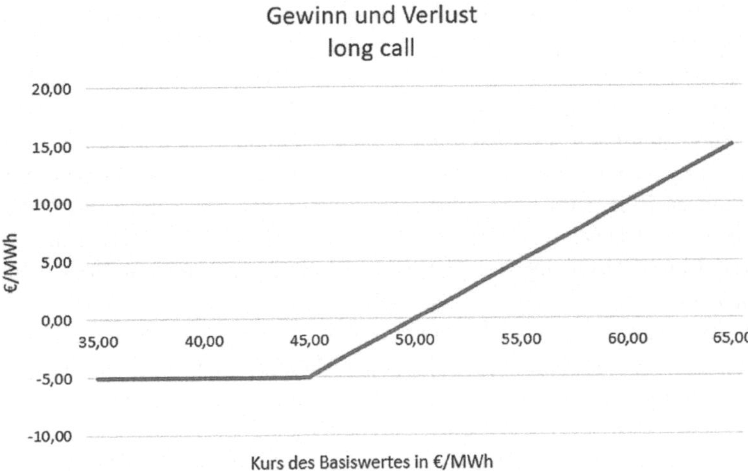

Abb. 3.2 Gewinn und Verlust für den Käufer einer Kaufoption

Option wird ausgeübt, wenn der Marktpreis den Ausübungspreis überschreitet. In Abb. 3.2 steigt die Linie ab diesem Punkt, bei 45,00 €/MWh, an. Der Gewinn aus der Ausübung der Option muss mit dem gezahlten Optionspreis verrechnet werden. Ab dem Wert des Basiswertes von 50,00 €/MWh gleichen die Gewinne aus der Ausübung, nämlich 50,00 €/MWh Marktpreis minus 45,00 €/MWh Ausübungspreis den gezahlten Optionspreis von 5,00 €/MWh aus. Dies wird als der „break even"-Punkt bezeichnet.

Der Gewinn eines sogenannten Long Calls errechnet sich als:

Preis des Basiswertes – Ausübungspreis – Optionsprämie

Da eine Ausübung bei unvorteilhaften Bedingungen, also Marktpreisen unter dem Ausübungspreis, nicht sinnvoll ist, lässt sich die Darstellung ergänzen und etwas formeller in folgender Form darstellen:

Max{0; (Preis des Basiswertes – Ausübungspreis – Optionsprämie)}

In einem Markt, in dem der Marktwert des Basiswertes theoretisch unendlich hoch sein kann bzw. in dem es keinen technischen, wirtschaftlichen oder regulatorischen Höchstwert gibt, ist damit der Gewinn theoretisch unbegrenzt.

Der Verlust für den Inhaber der Option beschränkt sich auf die zu zahlende Optionsprämie.

Das Beispiel stellte auf eine Kaufoption ab. Diese beinhaltet das Recht, den Basiswert bei Ausübung der Option zu kaufen. Genauso ist es möglich, eine Verkaufoption zu erwerben. Diese ermöglicht dem Käufer, einen bestimmten Basiswert zu einem festgelegten Wert zu verkaufen. Hier im Beispiel soll das wiederum das Base cal2021 sein. Die Verkaufoption soll einen Verkauf zu 45,00 €/MWh erlauben. Die Chancen ergeben sich hier dann bei fallenden Preisen des Basiswertes. Durch Ausübung der Option kann zu einem höheren Preis verkauft werden, als am Markt erzielbar wäre (Abb. 3.3).

Positive Auszahlungen sind damit erst ab Marktpreisen erzielbar, die unter dem Ausübungspreis der Option liegen. Liegt der Marktpreis über dem Ausübungspreis ist eine Ausübung der Option nicht vorteilhaft und unterbleibt daher.

Auch hier lässt sich die Betrachtung erweitern und ein Gewinn- und Verlustdiagramm darstellen. In diesem wird wieder die gezahlte Optionsprämie berücksichtigt (Abb. 3.4).

Gewinne werden erst erzielt, wenn der Marktpreis unter den Ausübungspreis fällt. Der Break-Even-Punkt liegt hier bei 40,00 €/MWh. Fällt der Marktpreis unter diesen Wert, bleiben nach Abzug der gezahlten Optionsprämie Gewinne.

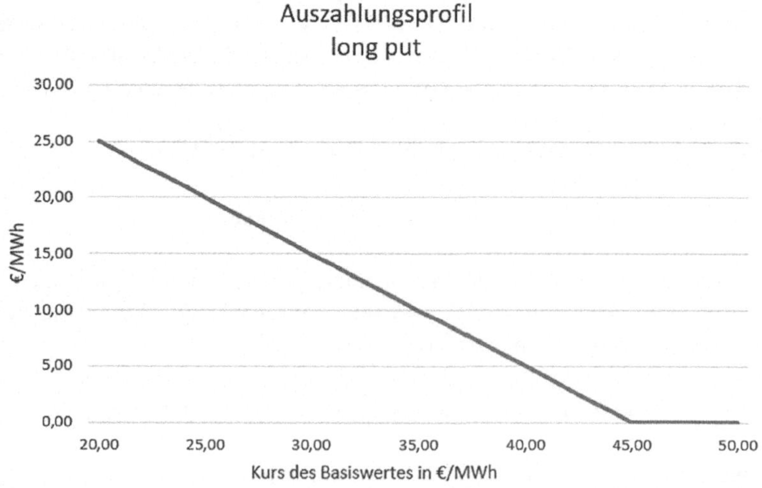

Abb. 3.3 Auszahlungsprofil des Käufers einer Verkaufoption

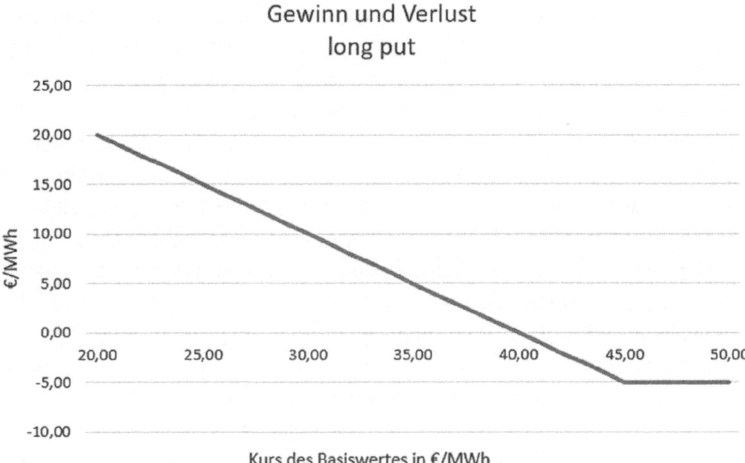

Abb. 3.4 Gewinn und Verlust für den Käufer einer Verkaufoption

Liegt der Marktpreis über dem Ausübungspreis, wird die Option nicht ausgeübt. Lediglich der Kaufpreis wird gezahlt.

Der maximale Gewinn einer Verkaufoption ist im Vergleich zur Kaufoption limitiert. Dazu muss jedoch angenommen werden, dass der Basiswert nicht mit negativen Preisen gehandelt wird. Speziell für den Stromterminmarkt hält diese Annahme ebenfalls.[2] Dann ist der niedrigste mögliche Marktpreis 0,00 €/MWh. Der höchste mögliche Gewinn liegt damit bei:

Ausübungspreis – Marktpreis – Optionsprämie bzw. konkreter für das Beispiel
Ausübungspreis – 0,00 €/MWh – Optionsprämie bzw.
Ausübungspreis – Optionsprämie

Hier entspräche dies:

$$45,00 \ \text{€/MWh} - 5,00 \ \text{€/MWh} = 40,00 \ \text{€/MWh}$$

---

[2]Lediglich am Spotmarkt ist es aufgrund physikalischer bzw. technischer Faktoren möglich, dass für kurze Perioden negative Preise akzeptiert werden.

Der Erwerber einer Option kann von steigenden oder fallenden Marktpreisen profitieren. Das haben die Gewinn- und Verlustdiagramme gezeigt. Auf der anderen Seite sind die Verluste für den Optionserwerber stets auf die zu zahlende Optionsprämie beschränkt. Ein höherer Verlust entsteht nicht.

Nach dem die Auszahlungsprofile und die Gewinn- und Verlustdiagramme vorgestellt wurden, können einige weitere Begriffe besser erklärt werden.

Mit Blick auf Optionen spricht man davon, dass eine Option „im Geld", „am Geld" oder „aus dem Geld" sei.

Eine Option ist dann „am Geld", wenn der Ausübungspreis dem aktuellen Marktwert des Basiswertes entspricht.[3] Bei den dargestellten Auszahlungsprofilen ist das jeweils der „Knick" in den Graphen.

Steigt der Marktwert über den Ausübungspreis, wird die Option als „im Geld" bezeichnet.[4] Eine Ausübung führt dann zu positiven Auszahlungen.

Sinkt der Marktwert des Basiswertes unter den Ausübungspreis der Option, dann wird die Option als „aus dem Geld" bezeichnet.[5] Eine Ausübung ist ökonomisch nicht sinnvoll.

Der Wert, der durch die sofortige Ausübung der Option erlöst werden kann, wird auch als der innere Wert der Option, bzw. der intrinsische Wert bezeichnet.[6]

Bis zu dieser Stelle wurde stets der Erwerber der Option betrachtet. Die Darstellungen und Ausführungen folgen seiner Sichtweise. Ein Handel kommt jedoch nur dann zustande, wenn es eine Gegenseite gibt, d. h. wenn es einen Verkäufer gibt. Dessen Sichtweise wird im Folgenden dargestellt.

3.2   Die Sicht des Verkäufers

Während die Position des Käufers oft als „long" bezeichnet wird (er sitzt in der Konstellation „am längeren Hebel", da er über die Ausübung des Rechtes bestimmen kann), wird die Gegenseite, der Verkäufer, als „short" bezeichnet. Der Verkäufer einer Kaufoption oder eines call, wird somit als „short call" bezeichnet, der der Verkaufoption entsprechend „short put".

---

[3]Vgl. Edwards (2010, S. 215).
[4]Vgl. ebenda.
[5]Vgl. Edwards (2010, S. 215).
[6]Vgl. Edwards (2010, S. 215).

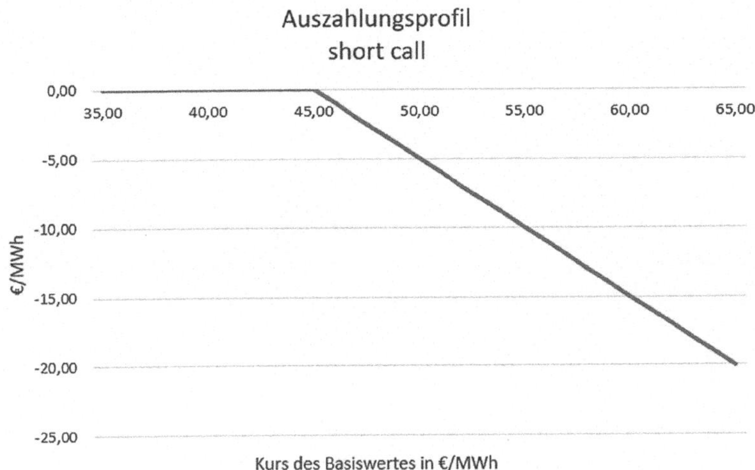

Abb. 3.5 Auszahlungsprofil des Verkäufers einer Kaufoption

Abb. 3.5 zeigt das Auszahlungsprofil eines short calls, also die Sicht des Verkäufers einer Kaufoption. Der Preis der Option soll hier wieder bei 5,00 €/MWh liegen. Diesen Betrag erhält der Verkäufer. Der Ausübungspreis liegt bei 45,00 €/MWh. Solange der Marktpreis bei Ausübung unter diesem Ausübungspreis liegt, wird die Option nicht ausgeübt. Es folgen keine Zahlungen. Erst mit Marktpreisen über dem Ausübungspreis wird die Option ausgeübt. Der Verkäufer der Kaufoption muss zum vereinbarten Ausübungspreis verkaufen bzw. im Rahmen des finanziellen Ausgleichs die rechnerischen Differenzen ausgleichen. Liegt der Marktpreis also bei 60,00 €/MWh, beträgt die Differenz zum Ausübungspreis 15,00 €/MWh. Diesen Betrag muss der Verkäufer der Option an den Käufer der Option bezahlen.

In Abb. 3.6 wird das Gewinn- und Verlustdiagramm dargestellt.

Abb. 3.7 und 3.8 verdeutlichen einen „short put", also den Verkäufer einer Verkaufoption. Auch hier sollen wieder die gleichen Eckpunkte gelten – Ausübungspreis bei 45,00 €/MWh und eine Optionsprämie von 5,00 €/MWh.

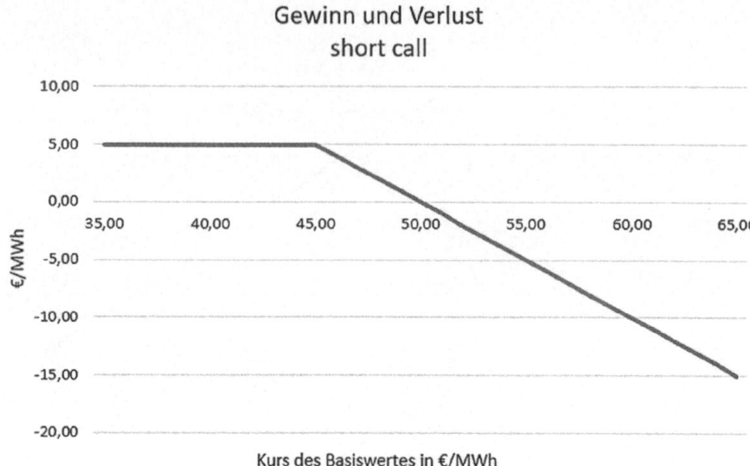

Abb. 3.6   Gewinn und Verlust des Verkäufers einer Kaufoption

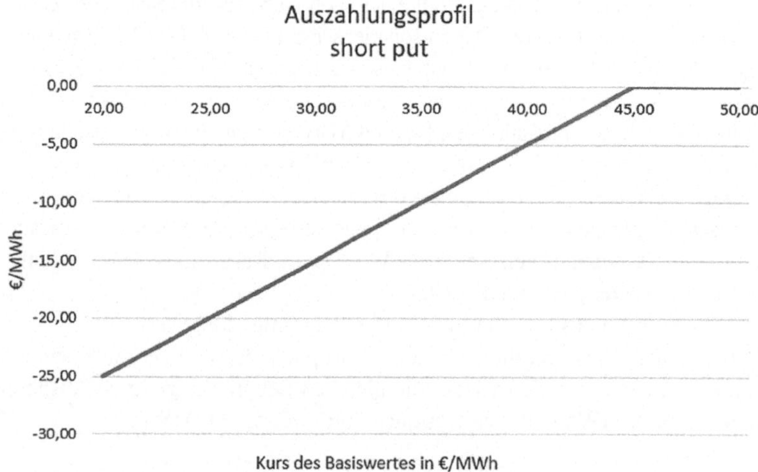

Abb. 3.7   Auszahlung des Verkäufers einer Verkaufoption

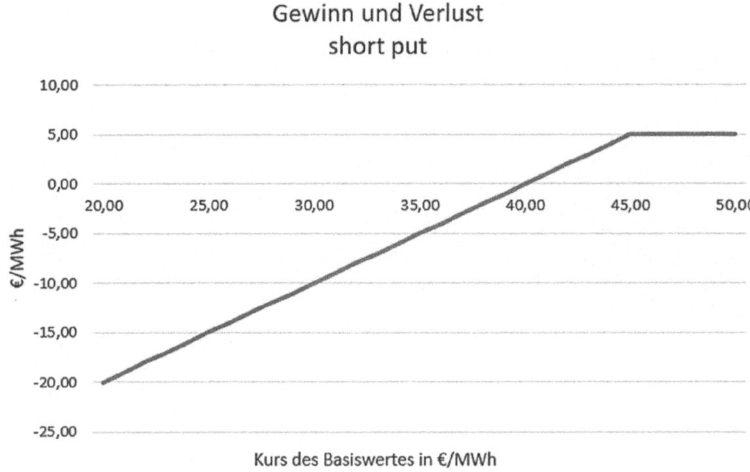

Abb. 3.8 Gewinn und Verlust des Verkäufer einer Verkaufoption

Sowohl für den „short call" als auch für den „short put" gilt, dass das Potenzial für Gewinne begrenzt ist. Hier können im günstigen Fall lediglich die Optionsprämien vereinnahmt werden. Das Potenzial für Verluste ist dagegen deutlich größer. Beim „short call" ist das Verlustpotenzial theoretisch unbegrenzt. Im Fall des „short put" sind die Verluste, schließt man negative Preise aus, auf die Differenz aus Ausübungspreis und Optionsprämie begrenzt.

Einsatz von Optionen 4

Wie können Optionen nun in der Energiewirtschaft eingesetzt werden? Hier gibt es zwei grundsätzliche Motive.

Zum einen erlauben Optionen, mit vergleichsweise überschaubarem Einsatz an Kapital von Preisbewegungen am Energiemarkt zu profitieren.

Beispiel

Am 29.11.2019 wurde das Base cal2020 bei einem Preis von 45,65 €/MWh an der EEX gesettelt. 1 MW Base cal2020 umfasst 8784 Lieferstunden[1]. Somit liegen dem Kontrakt 8784 MWh zugrunde.

Um hier Preisbewegungen ausnutzen zu können, müssen

$$45{,}65 \text{ €/MWh} * 8784 \text{ MWh} = 400.989{,}60 \text{ €}$$

ausgegeben werden.

Ein Call mit einem Strike von 45,50 €/MWh wurde am selben Tag mit 0,893 €/MWh gesettelt. Damit müssen hier für einen „long call" lediglich

$$0{,}893 \text{ €/MWh} * 8784 \text{ MWh} = 7844{,}11 \text{ €}$$

ausgegeben werden, um von den Preisbewegungen zu profitieren. Nimmt man an, dass die Option hier im Beispiel ein Delta von 1 aufweist, dann spiegelt die Wertänderung der Option genau die Wertänderungen des zugrunde liegenden Base wieder.[2] ◄

---

[1]Nur in Schaltjahren sind es 8784 h pro Jahr. In anderen Jahren sind es 8760 h.

[2]Unterstellt wird, dass das Finanzinstrument auch tatsächlich zum Settlement erworben werden kann. Weitere Ausführungen zum Delta finden sich im Punkt Abschn. 5.3.

Optionen eignen sich damit für spekulative Geschäfte. Das Ziel eines solchen Vorgehens ist es, Preisbewegungen zu antizipieren und daraus Gewinne zu generieren. Für diesen Ansatz eignen sich Optionen aus dem beschriebenem Grund besonders.

Zum anderen erlauben Optionen, physische Positionen abzusichern. Denkbar sind hier zukünftige Erzeugungsmengen eines Kraftwerkes oder zukünftige Absatzverpflichtungen.

Auf der Erzeugungsseite können Kosten für den Betrieb des Kraftwerks und für Brennstoffe eine preisliche Untergrenze bilden. Durch den Erwerb einer Put Option, deren Strike in der Nähe dieses Grenzpreises liegt, kann die zukünftige Erzeugung mit einem überschaubaren Aufwand gegen einen Preisverfall unter dieses Niveau abgesichert werden. Sinkt der Marktpreis unter diesen Grenzpreis, kann die Option ausgeübt werden und so zumindest dieser Wert realisiert werden.

Betrachten wir das Lieferjahr 2021. Der erwartete Grenzpreis kann zum Beispiel bei 30,00 €/MWh liegen. Nachstehend werden die Settlements der EEX für das Base cal2021 dargestellt. In der Regel werden zukünftige Liefer- oder Absatzverpflichtungen in Base-Produkten abgesichert. Zu Beginn des hier dargestellten Zeitraumes wird das Base noch leicht über dem Grenzpreis gehandelt (Abb. 4.1).

Dann sinken die Terminpreise ab. Da die zukünftige Entwicklung der Preise ungewiss ist, können weitere Preisentwicklungen zwar geschätzt, aber nicht präzise vorhergesagt werden. Aus diversen Gründen wurde nun entschieden, die zukünftige Lieferverpflichtung noch nicht durch den Handel des Base cal2021

Abb. 4.1   Settlements für Base cal2021

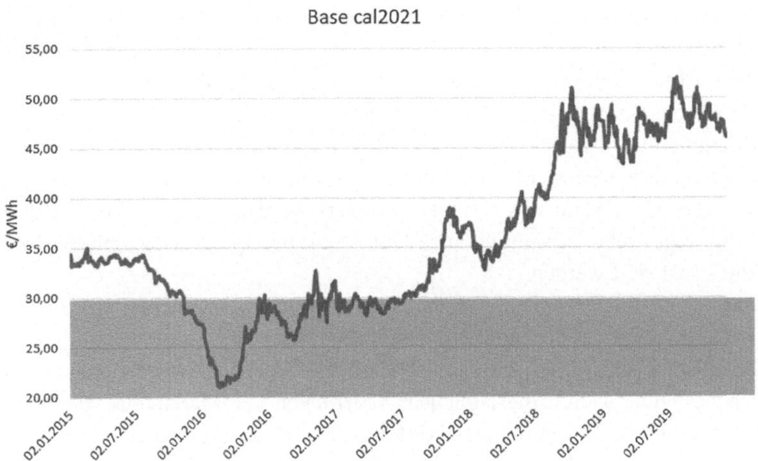

Abb. 4.2 Preisabsicherung durch Optionen

abzusichern. Die Position bleibt somit offen. Um dennoch preislich abgesichert zu sein, sollen Optionen eingesetzt werden.

Es werden Verkaufoptionen erworben, die den Verkauf der notwendigen Basemenge zum Preis von 30,00 €/MWh ermöglicht. Die Kosten für diese „Versicherung" bestehen aus der zu zahlenden Optionsprämie, dem Kaufpreis für die Option.

Im markierten Bereich in Abb. 4.2 bieten die Optionen einen Schutz. In diesen Bereichen liegen die Marktpreise unter dem Grenzpreis von 30,00 €/MWh. In diesen Momenten sind die Optionen „im Geld", sie weisen einen positiven inneren Wert aus.

Würde in einem solchen Moment die Entscheidung getroffen, die notwendigen Produkte zu handeln, um die Lieferverpflichtung abzudecken, kann durch die Optionen der Grenzpreis gewährleistet werden.[3] Da die Optionen der EEX stets nur zum Verfalltag ausgeübt werden können, werden sie hier im Beispiel wohl nur im Ausnahmefall ausgeübt[4]. Wahrscheinlicher wäre ein Verkauf der Optionen.

---

[3]Dies setzt voraus, dass die Optionen die Wertänderungen 1 zu 1 widerspiegeln, also ein Delta von 1 ausweisen.

[4]Das wäre dann der Fall, wenn die Entscheidung, das Optionsrecht auszuüben, auf den Verfalltag fiele.

Analog kann eine zukünftige Absatzlast abgesichert werden. Wenn für diese Mengen bereits ein Preis zugesichert wurde, jedoch noch keine Beschaffung erfolgte, dann stellen steigende Marktpreise ein Risiko dar. Die noch zu beschaffende Menge kann schlimmstenfalls zu Preisen eingedeckt werden, die über dem bereits zugesicherten Absatzpreis liegen kann. Durch den Erwerb einer Kaufoption, deren Strike in der Nähe (oder besser noch unter) dem zugesicherten Absatzpreis liegt, kann dieser Preis gesichert werden. Steigen die Marktpreise über das angestrebte Niveau hinaus, dann kann die Option ausgeübt werden und der Preis realisiert werden.

Das hier beschriebene Vorgehen lässt sich als Absicherung zu einem bestimmten Zeitpunkt beschreiben.

Denkbar ist auch, einen Zeitraum zu betrachten. Portfolien wie die obigen werden täglich bewertet.[5] Durch die täglichen Änderungen der Marktpreise ergeben sich Änderungen in der Bewertung des Portfolios. Durch den Aufbau einer Position, die bei Änderungen der Marktpreise ihren Preis entgegengesetzt zum Portfoliopreis ändert, können die Bewertungsänderungen ausgeglichen werden. Damit bleibt die Gesamtposition in ihrem Wert stabil.

---

[5]Vgl. Schnorr (2019, S. 5 ff.).

Bewertung von Optionen 5

Im vorangegangen Abschnitt wurden bereits Einsatzmöglichkeiten für Optionen beschrieben. Sobald die Entscheidung gefallen ist, ein solches Instrument in das Portfolio aufzunehmen, stellt sich die Frage nach dem Wert einer Option. Dieser ist relevant bei der Entscheidung, eine solche Option zu erwerben, aber auch bei der fortlaufenden Bewertung einer einmal erworbenen Option.

Der Wert einer Option besteht aus zwei Bestandteilen. Der eine ist der innere oder intrinsische Wert. Dieser spiegelt den Betrag wieder, der durch die sofortige Ausübung der Option erzielt werden kann.[1]

Der zweite Bestandteil ist der sogenannte Zeitwert oder der extrinsische Wert.[2] Der Option liegt, wie beschrieben, ein Basiswert zugrunde. Hier im konkreten Fall sind das Futures, Stromkontrakte. Diese werden aktiv gehandelt. Die Preise können an der EEX und auf Brokerplattformen beobachtet werden. Während der Laufzeit der Option variiert der Preis des Basiswertes. Damit besteht eine Wahrscheinlichkeit, dass der innere Wert der Option steigt.[3]

Abb. 5.1 zeigt die Settlements der EEX für das Base cal2021. Die Darstellung erstreckt sich über rund 5 Jahre. In dieser Zeit reichte die Spanne der ermittelten Settlements von 21,01 €/MWh bis 52,05 €/MWh. Der Blick auf diesen Zeitraum zeigt eine Schwankungsbreite der Preise von rund 30,00 €/MWh. Man spricht an der Stelle von der Volatilität der Preise.[4] Während der Laufzeit der Option kann

---

[1]Vgl. Edwards (2019, S. 215).

[2]Vgl. ebenda.

[3]Vgl. Eglinton (1999, S. 40).

[4]Formell ist die Volatilität die Standardabweichung der täglichen Renditen.

Abb. 5.1 Settlements des Base cal2021

sich der Preis des Basiswertes ändern. Auch wenn die Option aktuell keinen inneren Wert aufweisen sollte, kann sich dies im Laufe der Zeit ändern. Je größer die Volatilität des Basiswertes ist, desto größer ist die Wahrscheinlichkeit, dass die Option zu einem späteren Zeitpunkt einmal „im Geld" ist.

5.1   Intrinsischer und extrinsischer Wert einer Option

Auf die Unterscheidung der Optionen in „am Geld", „aus dem Geld" und „im Geld" wird hier noch einmal kurz eingegangen. Die Frage, welchen dieser drei Ausprägungen eine Option hat, wird immer in einem konkreten Zeitpunkt beantwortet. Sie bezieht sich somit stets auf den intrinsischen oder inneren Wert einer Option im Zeitpunkt der Betrachtung. Wir greifen erneut das bereits eingeführte Beispiel auf, konkret die Kaufoption auf das Base cal2021 mit einem Ausübungspreis von 30,00 €/MWh. Für den Käufer dieser Option, also den „long call", ist diese Option immer dann „im Geld", wenn im betrachteten Zeitpunkt der Marktpreis für das Base cal2021 über dem in der Option vereinbarten Ausübungspreis liegt. Liegt der Marktpreis unter dem Ausübungspreis, ist für den Käufer die Option „aus dem Geld". Damit ist sie genau dann „im Geld",

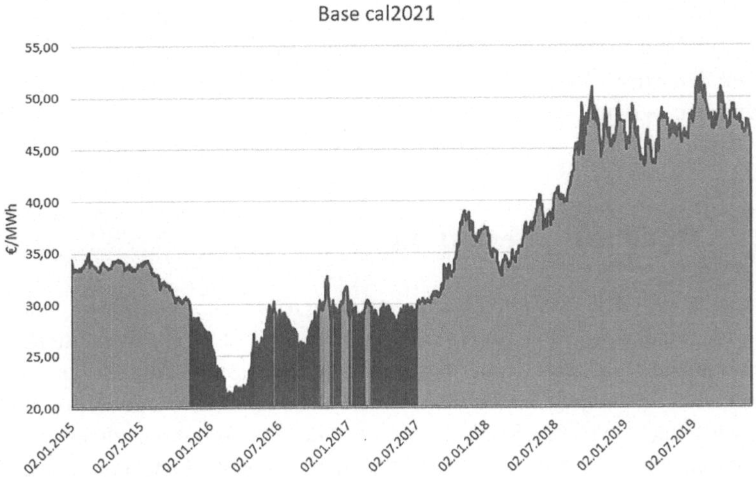

Abb. 5.2   Status einer Option

wenn der Marktpreis dem Ausübungspreis entspricht, also bei 30,00 €/MWh
läge. Diese Betrachtung kann an jedem beliebigen Tag der Laufzeit der Option
erfolgen. Im Ergebnis kann für jeden Tag der Status festgelegt werden. Es ergäbe
sich ein Verlauf wie in Abb. 5.2.

Grün markiert sind in Abb. 5.2 alle Tage, in denen die Option „im Geld" wäre.
Rot markiert sind die Tage, in denen die Option aus dem Geld ist. Auf die Kenn-
zeichnung des Status „am Geld" wurde hier der Übersichtlichkeit halber verzichtet.

Aus der Darstellung lässt sich der Bogen zum extrinsischen Wert spannen.
Der pragmatischste Ansatz wäre, den aktuellen und am Markt gehandelten Wert
der Option heranzuziehen. Der extrinsische Wert einer Option ergibt sich aus der
Differenz des aktuellen Preises für die Option und dem inneren Wert.[5]

Der extrinsische Wert entsteht, weil die Preise des Basiswertes Schwankungen
aufweisen. Während der Laufzeit einer Option kann es dazu kommen, dass eine
Option ihren Status wechselt und „ins Geld" kommt oder anders herum. Mit Blick
auf Abb. 5.2 lässt sich dieser extrinsische Wert mit der Möglichkeit umschreiben,
aus einer „roten Phase" später wieder in eine „grüne Phase" zu gelangen.

---

[5]Vgl. Edwards (2010, S. 215).

Die Ausführungen etwas weiter oben haben gezeigt, dass die Marktpreise der Basiswerte einige Schwankungen aufweisen können. Damit fällt es natürlich schwer, den extrinsischen Wert einer Option zu schätzen. Würde es gelingen, den zukünftigen Verlauf der Marktpreise korrekt vorherzusagen, ließe sich der Wert der Option natürlich explizit berechnen. Das ist jedoch nicht möglich.

5.2   Modelle zur Bewertung

Im Laufe der Zeit wurden einige Ansätze entwickelt, mit denen Optionen bewertet werden können. Unter den bekanntesten sind die Bewertung über Binomialbäume, die Bewertung mittels Monte-Carlo-Simulation und, sicher die bekannteste Variante, die Bewertung über die sogenannte Black-Scholes-Formel.

Zwei Annahmen erleichtern die Anwendung der Verfahren ungemein bzw. machen die Bewertung überhaupt erst möglich. Die erste Annahme ist, dass der heutige Marktpreis die beste Schätzung für den morgigen Marktpreis des Basiswertes ist. Da die Berechnungen auf die sogenannten Renditen abstellen, also die prozentuale Veränderung im Vergleich zum Vortag, bedeutet diese Annahme, dass diese Renditen um den heutigen Marktpreis herum verteilt sind. Die zweite Annahme ist, dass die Volatilität dieser Renditen, also deren Schwankungsbreite, während der Laufzeit der Option konstant ist.[6, 7]

Im Folgenden soll die Bewertung über einen Binomialbaum kurz skizziert werden.

Die Laufzeit der Optionen wird in verschiedene Intervalle eingeteilt. In jedem dieser Intervalle kann sich der Marktpreis, ausgehend vom heutigen Markpreis, verändern. Entweder er steigt oder er sinkt. Jeder dieser beiden Möglichkeiten wird eine bestimmte Wahrscheinlichkeit des Eintretens zugeordnet. Und natürlich muss festgelegt werden, um welchen Betrag der Preis jeweils steigt oder sinkt.

In Abb. 5.3 wird das erste Intervall dargestellt. Die Wahrscheinlichkeit, dass der Marktpreis steigt, beträgt hier p. Damit beträgt die Wahrscheinlichkeit, dass

---

[6]Vgl. Edwards (2010, S. 221).

[7]Die Entwicklung der Bewertungsmodelle setzt weitere Annahmen voraus. Diese werden hier jedoch nicht vertieft. Interessierte mögen die einschlägige Literatur zu diesem Thema heranziehen.

Abb. 5.3 Grundstruktur des Binomialbaumes

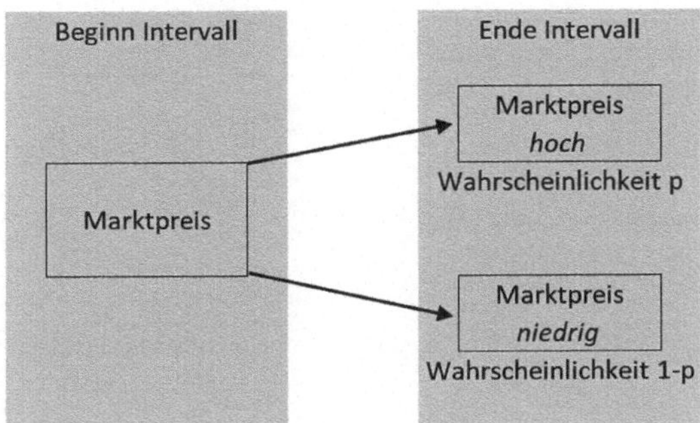

der Marktpreis fällt 1-p. Das Ausmaß der Preisänderung wurde hier noch nicht angegeben. Die Darstellung ließe sich nun für beliebig viele Perioden erweitern.

Im Folgenden soll eine Kaufoption betrachtet werden.[8] Der Ausübungspreis der Option soll bei 50,00 €/MWh liegen, was auch dem aktuellen Marktwert des zugrunde liegenden Base entsprechen soll. Die Option soll eine Laufzeit von 1 Monat haben. Am Ende dieses Monats wird der Marktpreis des Base entweder bei 55,00 €/MWh liegen. Die Option würde dann zu einer Auszahlung von 5,00 €/MWh führen. Die Wahrscheinlichkeit, dass dieser Fall eintritt, soll hier bei 60 % liegen. Mit einer Wahrscheinlichkeit von 40 % sinkt der Marktpreis des Base auf 42,50 €/MWh. Die Ausübung der Option ist dann nicht sinnvoll. Die Auszahlung liegt somit bei 0,00 €/MWh (Abb. 5.4 und 5.5).

Welchen fairen Wert hat eine solche Option nun im hier betrachteten Zeitpunkt? Um diese Frage zu beantworten, wird gedanklich ein sogenanntes Arbitrage-Portfolio aufgebaut. Die Idee ist, durch Kauf oder Verkauf des zugrunde liegenden Basiswertes (hier dargestellt durch x) und durch Kreditaufnahme[9] bzw. -vergabe (G) ein Portfolio aufzubauen, das in den beiden Fällen den gleichen Wert aufweist, wie die hier beschriebene Option. Der Zins soll in unserem Beispiel 5 % betragen. Bei der Berechnung ist darüber hinaus zu beachten, dass Preise hier stets in €/MWh angegeben sind. Für plausible Ergebnisse wird die Anzahl der Stunden in der Lieferperiode berücksichtigt. Unterstellen wir, dass es sich bei dem Basiswert

---

[8]Das nachstehende Beispiel wird in Anlehnung an Edwards (2010, S. 218 ff.) entwickelt.

[9]In der Literatur wird hier vom risikolosen Asset gesprochen. Der Zins für die Aufnahme des Kredites ist gleich dem für die Vergabe eines solchen.

Abb. 5.4 Beispiel
eines Binomialbaumes –
Szenarien

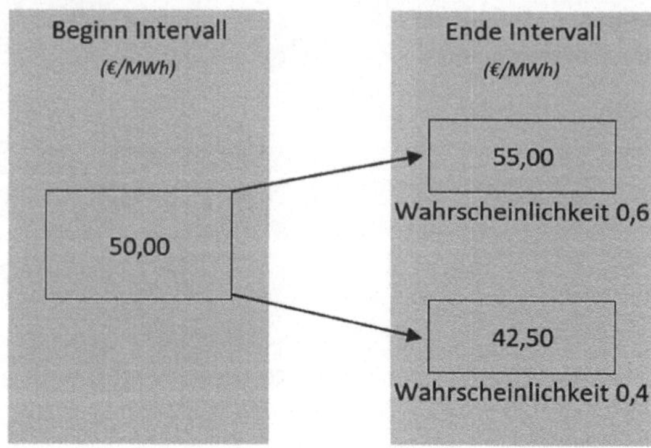

Abb. 5.5 Beispiel
eines Binomialbaumes –
Auszahlungen

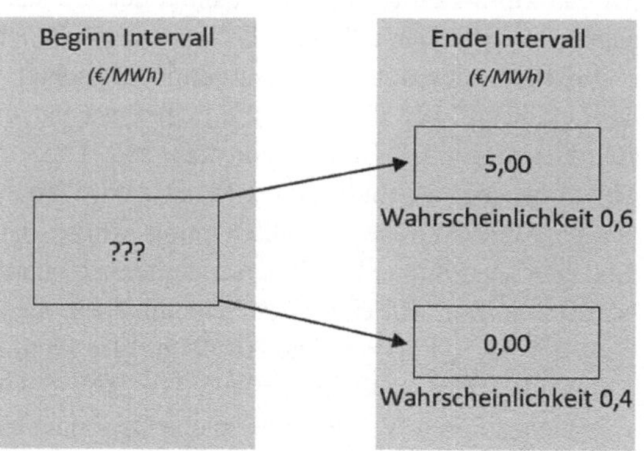

um ein Jahresbaseload handelt, rechnen wir mit 8760 h pro Jahr (Annahme: kein
Schaltjahr). Damit gilt:

$$55{,}00 \text{ EUR/MWh} * 8760 * x + 1{,}05 * G = 5{,}00 \text{ EUR/MWh} * 8760 \text{ und}$$
$$42{,}50 \text{ EUR/MWh} * 8760 * x + 1{,}05 * G = 0{,}00 \text{ EUR/MWh} * 8760$$

Ermittelt man die Euro-Beträge, präsentieren sich die Gleichungen wie folgt:

$$481.800 \text{ EUR} * x + 1{,}05 * G = 43.800 \text{ EUR}$$
$$372.300 \text{ EUR} * x + 1{,}05 * G = 0 \text{ EUR}$$

Werden die beiden Gleichungen aufgelöst, erhält man:

$$x = 0{,}4 \text{ MW Base MW}$$
$$G = -141.828{,}57 \text{ EUR}$$

Erwirbt man also 0,4 MW Base (x) und vergibt gleichzeitig einen Kredit von 141.828,57 € (G), so ergeben sich genau die gleichen Auszahlungen in den beiden genannten Fällen.

Das erste Ziel auf dem Weg zur Bepreisung der Option war das Aufstellen des Arbitrage-Portfolios. Dieses ist mit den Überlegungen nun gefunden. Das eigentliche Ziel ist aber, den Wert der Option zu bestimmen.

Um den Wert der Option zu bestimmen, wird nun bestimmt, wie viel Geld man investieren muss, um dieses Arbitrage-Portfolio aufzubauen. Wir nahmen an, das Base kostet aktuell 50,00 €/MWh. Damit muss folgender Betrag für den Aufbau des Arbitrage-Portfolios investiert werden:

$$50,00 \ \text{EUR/MWh} * 0,4\,\text{MW} * 8760 - 141.828,57 \ \text{EUR}$$
$$= 175.200 - 141.828,57 \ \text{EUR}$$
$$= 33.371,43 \ \text{EUR}$$

An der Stelle greift nun der Arbitrage-Gedanke, der bereits in der Bezeichnung des alternativen Portfolios anklang. Als Arbitrage bezeichnet man das risikolose Ausnutzen von Preisunterschieden. Solche Preisunterschiede könnten sich hier ergeben, wenn die genannte Option falsch bepreist würde. Der Gedanke bisher war ja, dass die genannten Auszahlungen entweder über den Erwerb der genannten Kaufoption oder eben über den Erwerb des Arbitrage-Portfolios erhalten werden können. Damit müssen die Kosten für den Erwerb der Option genau denen für den Aufbau des Arbitrage-Portfolios entsprechen. Die Kosten für die Kaufoption liegen also ebenfalls bei 33.371,43 €. Dies entspricht einem spezifischen Preis von 3,81 €/MWh.

Es wird angenommen, dass alle genannten Instrumente, also die Option, der Kredit und das Base jederzeit ge- und verkauft werden können. Würde die Option nun einen Preis unter 3,81 €/MWh aufweisen, würde man auf diesem Wege für die Auszahlungen weniger investieren müssen. Die Option wäre dann zu billig. Man könnte diese Option dann erwerben und das nötige Geld dadurch aufbringen, dass man das Arbitrage-Portfolio verkauft. Anstatt also 0,4 MW Base zu kaufen und 141.828,57 € zu verleihen, wird das Base verkauft und das Geld aufgenommen. Aus dem spiegelverkehrten Portfolio resultieren dann auch gegenläufige Zahlungen nach Ablauf des betrachteten Portfolios. Nach Ablauf des Monats gleichen sich somit die Zahlungen aus der Option und aus dem spiegelverkehrten Portfolio aus. Damit bleiben lediglich die Unterschiede zum Beginn des Monates. Für die Option muss weniger investiert werden als durch den Verkauf des Portfolios erzielt wird. Da sich die Auszahlungen am Ende ausgleichen, kann diese Differenz in der Anschaffung vereinnahmt werden, ohne dass ein Risiko entsteht – eben eine Möglichkeit für Arbitrage. Marktteilnehmer würden derartige Möglichkeiten sofort ausnutzen. Durch daraus folgende

Änderungen in Angebot und Nachfrage verändern sich dann auch die Preise, bis die Arbitrage-Möglichkeiten nicht mehr vorhanden sind. So findet der Markt stets zurück zum fairen Wert eines Finanzinstrumentes.

Ein grundsätzliches Vorgehen für die Bewertung einer Option wurde hier kurz umrissen. Im Folgenden wird das gerade beschriebene Vorgehen nun etwas formeller gestaltet.[10] Erneut betrachten wir eine Periode. Zu Beginn hat der Basiswert den Wert B. Am Ende der Periode tritt einer der beiden Zustände „hoch" oder „niedrig" ein. Der Wert W einer Kaufoption lässt sich damit wie folgt beschreiben:

1. Im Fall „hoch" $W_h = \max[0, d*h*B - S]$, Eintrittswahrscheinlichkeit p
2. Im Fall „niedrig" $W_n = \max[0, d*n*B - S]$, Eintrittswahrscheinlichkeit 1-p

Damit wird zum Ausdruck gebracht, dass der Wert der Option der Differenz aus dem Preis des Basiswertes B und dem Ausübungspreis S entspricht, also dem Wert, der sich durch Ausübung der Option realisieren lässt. Die Option wird nur dann ausgeübt, wenn dies wirtschaftlich vorteilhaft ist. Hier wird ein Wert in Euro ermittelt. Daher wird der Term h*B bzw. n*B jeweils noch mit den Stunden d im Lieferzeitraum multipliziert.

Die Optionsbewertung erfolgt über die Bildung eines Arbitrage-Portfolios. Die aus dem Kauf der Kaufoption entstehenden Zahlungsströme lassen sich durch Kauf bzw. Verkauf des Basiswertes selbst und durch Kreditaufnahme oder -vergabe nachbilden. Dieses Vorgehen wurde bereits beschrieben. Das Arbitrageportfolio besteht dann also aus dem zugrunde liegenden Baseload[11] (x B) und dem Euro-Betrag G, somit x B + G. Für die Kreditvergabe oder -aufnahme wird der Zins r vereinbart.

Am Ende der Periode hat dieses Arbitrage-Portfolio dann somit folgenden Wert:

1. $x*d*h*B + r*G$, Eintrittswahrscheinlichkeit p
2. $x*d*n*B + r*G$, Eintrittswahrscheinlichkeit 1-p

Die Idee des Arbitrage-Portfolios ist es, die Zahlungsströme zu replizieren. Beide Portfolien, das bestehend aus der Kaufoption, und das bestehend aus dem Base und dem Kredit, sollen also jeweils die gleichen Werte aufweisen. Formell also:

---

[10]Diese Darstellung folgt dem Vorgehen bei Cox et al. (1979).

[11]In dieser Form bezeichnet x die Menge des Basisgutes in MWh. Es muss später noch die Menge in MW ermittelt werden.

1. $W_h = x * d * h * B + r * G$
2. $W_n = x * d * n * B + r * G$

Die Gleichungen können nun nach x und G umgestellt werden.

$$x = \frac{W_h - W_n}{(d * h - d * n)B} \quad \text{und} \quad G = \frac{h * W_n - n * W_h}{(h - n) * r}$$

Mit diesen Gleichungen kann man bestimmen, welchen Wert die Position im Basiswert haben muss und welchen Wert das risikolose Asset oder die Kreditaufnahme bzw. -vergabe hat. Der Wert der Option muss nun dem Wert dieses Portfolios entsprechen. Ist diese Bedingung nicht erfüllt, entstehen die Möglichkeiten, risikolos Preisunterschiede auszunutzen, also Arbitrage zu betreiben.

Damit das gewährleistet ist, muss sich der Wert der Option wie folgt ergeben:

$$W = x * d * B + G$$

Die gerade ermittelten Gleichungen können eingesetzt werden und es folgt:

$$W = \frac{W_h - W_n}{(d * h - d * n) * B} * d * B + \frac{d * h * W_n - d * n * W_h}{(d * h - d * n) * r}$$

Durch Ausklammern von d und Kürzen kann man verkürzt schreiben:

$$W = \frac{W_h - W_n}{(h - n)} + \frac{h * W_n - n * W_h}{(h - n) * r}$$

Nach Umstellungen ergibt sich:

$$W = \frac{\left(\frac{r - n}{h - n}\right)W_h + \left(\frac{n - r}{h - n}\right)W_n}{r}$$

Die Terme lassen sich nun vereinfachen.

$$v = \frac{r - n}{h - n} \quad \text{und} \quad 1 - v = \frac{h - r}{h - n}$$

Damit hat die Gleichung letztlich nachstehende Form.

$$W = \frac{v * W_h + (1 - v) * W_n}{r}$$

Mit dieser Formel lässt sich nun der Wert einer Option bestimmen. Dabei wird davon ausgegangen, dass die Option in einer Periode verfällt. Für weitere Perioden kann das hier beschriebene Vorgehen ebenfalls angewandt werden. Die Gleichung wird dann komplexer, kann gleichwohl noch algebraisch gelöst werden.

Die hier entwickelte Formel kann nun auf den eingangs beschriebenen Fall angewandt werden. Hier wurde Folgendes angenommen:

h = 1,10, mit p = 0,6
n = 0,85, mit 1-p = 0,4
r = 1,05

Damit kann v und 1-v berechnet werden.

$$v = \frac{r-n}{h-n} = \frac{1,05-0,85}{1,1-0,85} = \frac{0,2}{0,25} = 0,8$$

$$1-v = \frac{h-r}{h-n} = \frac{1,1-1,05}{1,1-0,85} = \frac{0,05}{0,25} = 0,2$$

Im nächsten Schritt lässt sich nun über

$$W = \frac{v * W_h + (1-v) * W_n}{r}$$

der Wert der Option ermitteln. Dazu werden W_n und W_h benötigt.

W_n ist gleich Null, da in unserem Beispiel die Option nicht ausgeübt wird. Der Marktpreis liegt mit 48,50 €/MWh unter dem Ausübungspreis von 50,00 €/MWh. Eine Ausübung ist nicht vorteilhaft. W_h beträgt 5 €/MWh * 8760 = 43.800 €. In dem Fall liegt der Marktpreis bei 55,00 €/MWh. Die Ausübung führt zu einem Gewinn von 5,00 €/MWh, bzw. 43,800 €.

$$W = \frac{v * W_h + (1-v) * W_n}{r} = \frac{0,8 * 43.800 + 0,2 * 0}{1,05} = 33.371,43 \ EUR$$

Genau diesen Wert ergab auch die am Beginn des Abschnittes vorgestellte Berechnung. Das formalere Modell führt demnach zum selben Ergebnis. Die Option hat im Betrachtungszeitpunkt einen Wert von 33.371,43 €. Spezifisch entspricht das 3,81 €/MWh.

Hier im Beispiel wurde eine Intervalllänge von einem Monat angenommen. An der EEX werden Optionen täglich gesettelt, sodass auch durchaus Intervalle von einem Tag angenommen werden können. Noch kürzere Intervalle würden dann die Tatsache widerspiegeln, dass sich die Preise auch im Laufe eines Tages ändern. Eine Laufzeit von einem Monat oder mehr besteht dann aus einer großen Zahl von Intervallen.

Mit zunehmender Zahl der Intervalle wird das Ergebnis der Berechnung genauer, jedoch steigt auch der Aufwand bei der Berechnung enorm an.

Eines der bekanntesten Modelle[12] zur Bewertung von Optionen ist die Bewertung über die sogenannte Black-Scholes-Formel. Diese wurde 1973 für Optionen an Finanzmärkten entwickelt.[13] Wird im Binomialmodell die Zahl der Intervalle ins Unendliche erhöht, liefern beide Modelle die gleichen Ergebnisse. Mit unendlichen Intervallen kann das Binomialmodell nicht mehr algebraisch gelöst werden. Das ist dann nur noch über Integralrechnung möglich. Dieser Schritt ist einer der wesentlichen Beiträge von Black und Scholes.[14] Am Finanzmarkt kommt mittlerweile vorrangig die Bewertung über die Black-Scholes-Formel zum Einsatz.

5.3 Bewertungsansätze in der Praxis

Aufbauend auf den Bewertungsmethoden haben sich in der Praxis einige Parameter durchgesetzt, die bei der Bewertung von Optionen angewandt werden. Diese Parameter werden hier nun näher beschrieben.

Je länger eine Option noch läuft, desto größer ist der Zeitwert. Hier kann als Daumenregel gelten, dass der Wert einer Option um die Quadratwurzel der Zeit zunimmt. Vergleicht man also eine Option auf Base cal2020, welche noch 3 Monate läuft mit einer solchen, die noch 6 Monate Laufzeit hat, dann hat die länger laufende Option einen Preis, der 41,4 % über dem der anderen liegt. Da die Laufzeit zweimal so lang ist, liegt der Wert der Option bei dem 1,414fachen, was der Quadratwurzel von 2 entspricht. All dies gilt natürlich nur dann, wenn alle anderen Faktoren unverändert bleiben.[15]

Der eingangs genannte Zusammenhang bedeutet im Umkehrschluss, dass der Wert einer Option mit jedem Tag der Laufzeit abnimmt. Um wie viel der Wert der Option mit jedem Tag abnimmt, wird durch Theta beschrieben.[16] Dieses Theta ist eines der sogenannten „Greeks". Diese Werte geben die Änderungen des Optionswertes in Abhängigkeit bestimmter Parameter an. Die einzelnen Kenngrößen werden mit Buchstaben aus dem griechischen Alphabet bezeichnet. Daher die Bezeichnung „Greeks".[17]

---

[12]Eine Vorstellung des „Black-Scholes-Modell" erfolgt hier nicht. Es wird auf die einschlägige Literatur verwiesen.

[13]Vgl. Black, Scholes (1973).

[14]Vgl. Edwards (2010, S. 228).

[15]Vgl. Eglinton (1999, S. 44).

[16]Vgl. Edwards (2010, S. 232).

[17]Vgl. Eglinton (1999, S. 44).

Ein naheliegender Einfluss auf den Wert einer Option ist der Wert des Underlyings. Das „Delta" beschreibt genau diesen Fakt – die Änderung des Wertes der Option bei einer Änderung des Preises des Basiswertes.

Hat eine Option ein Delta von 0,5, dann ändert sich ihr Wert um 0,50 €/MWh, wenn sich der Basiswert um 1,00 €/MWh ändert.[18]

Werden Optionen eingesetzt, um eine physische Position, sei es eine zukünftige Absatzlast oder eine zukünftige Produktion aus einem Kraftwerk, abzusichern, dann erlaubt das Delta Aussagen über die notwendige Position.

In Kap. 4 wurde ein Beispiel für den Einsatz einer Option entworfen. Ein Kraftwerksbetreiber möchte die zukünftige Produktion, hier im Lieferjahr 2021, preislich absichern. Der Grenzpreis lag bei 30,00 €/MWh. Die Absicherung erfolgt über den Wert der Option, also deren Verkauf, da die Option nur am Verfalltag ausgeübt werden kann, und nicht während ihrer Laufzeit. Die Absicherung erfolgt über den Erwerb einer Verkaufoption mit einem Ausübungspreis von 30,00 €/MWh. Die Absicherung wird für die Fälle benötigt, in denen der Preis des Base cal2021 unter diesen Grenzpreis fällt. In dem Beispiel wurde ein Delta von 1 unterstellt. Die Verkaufoption steigt im Wert, wenn der Settlement sinkt. Liegt der Settlement bei 29,00 €/MWh, ergibt sich ein Verlust von 1,00 €/MWh im Vergleich zum Grenzpreis. Bei dem angenommenen Delta von 1 weist die Option einen Wert aus, der um genau 1,00 €/MWh höher liegt. Der Gewinn aus dem Verkauf der Option kann die Verluste in Relation zum Grenzpreis ausgleichen.

Hätte die Option ein Delta von 0,5, würde sich ihr Wert im beschriebenen Fall lediglich um 0,5 €/MWh erhöhen. Um dann die gesamte erwartete Produktionsmenge wertmäßig absichern zu können, müssten Verkaufoptionen für die doppelte Menge erworben werden.

Ändern sich die Preise des zugrunde liegenden Basiswertes, beschreibt das Delta die Änderung im Wert der Option. Dieses Delta ist jedoch nicht konstant. Das Delta ist, wie im obigen Beispiel, zu einem Zeitpunkt 0,5. Ändert sich also der Preis des zugrunde liegenden Basiswertes um 1,00 €/MWh, zieht das Preisänderungen von 0,50 €/MWh nach sich. Steigen die Preise nun weiter, kann die Preisänderung bei einer weiteren Änderung von 1,00 €/MWh 0,40 €/MWh betragen. Das Delta beträgt nur noch 0,40 €/MWh. Diese Änderung des Deltas wird durch Gamma beschrieben. Formell ist Gamma die zweite Ableitung des Wertes der Option nach dem Preis. Das Delta entspräche dann der ersten Ableitung des Wertes der Option nach dem Preis.[19]

---

[18]Ebenda.

[19]Vgl. Edwards(2010, S. 232).

Der bereits vorgestellte Kraftwerksbetreiber war wertmäßig abgesichert gegen einen Preisrückgang von 1,00 €/MWh auf 29,00 €/MWh abgesichert, wenn er (bei einem Delta von 0,5) die doppelte Menge der erwarteten Erzeugung als Option absichert. Beträgt das Gamma 1, dann bleibt das Delta der Verkaufoption konstant. Der Kraftwerksbetreiber wäre also wertmäßig abgesichert, wenn der Preis weiter fiele, zum Beispiel auf 28,00 €/MWh. Betrüge das Gamma nun 0,9, würde sich das Delta der Option mit einer weiteren Preisbewegung verändern. Es betrüge dann 0,45. Hält der Kraftwerksbetreiber oder dessen Portfolio-Manager eine Preisbewegung bis 28,00 €/MWh für möglich und will wertmäßig auch in diesem Fall neutral sein, muss die Optionsposition angepasst werden.

Der Preis einer Option wird durch die Preisbewegung des zugrunde liegenden Basiswertes beeinflusst. Delta und Gamma stellen auf Preisänderungen ab. Ein weiterer Einflussfaktor ist die Volatilität der Preise des zugrunde liegenden Basiswertes. Das Vega beschreibt die Änderung des Optionswertes bei einer Änderung der Volatilität um 1 %. Je höher die Volatilität, desto wahrscheinlicher ist es, dass sich der Wert einer Option in den nächsten Tagen ändert. Bemühen wir erneut den Kraftwerksbetreiber. Sinkt der Markt in Richtung des Grenzpreises, werden die Portfolio-Manager den Markt sicher sehr aufmerksam verfolgen. Betragen die täglichen Preisänderungen nur wenige Cent, so ist bei Preisen um 32,00 oder 31,00 €/MWh eine Absicherung durch die Option in den nächsten Tagen noch nicht wahrscheinlich. Betrugen die Preisänderungen von Tag zu Tag zuletzt aber 1,00 €/MWh oder mehr, ist ein Durchbrechen der Marke von 30,00 €/MWh in den nächsten Tagen wahrscheinlicher.

In der modellhaften Bewertung von Optionen spielen Zinsen eine Rolle. Daher wirken sich Änderungen des Zinsniveaus auf den Wert der Optionen aus. Dies wird durch das Rho, das letzte der hier beschriebenen „Greeks", beschrieben. Konkret gibt Rho die Änderung des Optionswertes bei einer Änderung des Zinsniveaus von 1 % wider.

Diese „Greeks" helfen in der Praxis, Optionsposition aufzubauen und zu verwalten.

Ausblick 6

Optionen sind komplexe Instrumente. An den Finanzmärkten werden sie bereits seit langer Zeit und auch sehr intensiv eingesetzt. Im Vergleich dazu sind Optionen in der Energiewirtschaft zur Zeit noch weniger stark verbreitet. Auf das eingangs genannte Handelsvolumen von 192 TWh für Optionen im Jahr 2018 an der EEX kommen 3155 TWh Handelsvolumen für Futures insgesamt. Es findet somit zwar ein Handel in Optionen statt, jedoch liegen deren Handelsvolumina noch deutlich unter denen der Futures. Damit ist eine Herausforderung beim Einsatz dieses Finanzinstrumentes die Liquidität, die Suche nach geeigneten Handelspartnern und fairen Preisen.

Eine zweite Herausforderung ist sicher der Umgang mit dem Instrument der Option im Rahmen des internen Portfoliomanagements. Bewertungskriterien und Bewertungsmethoden müssen allen relevanten Stellen im Haus erklärt und erläutert werden.

Wie hier hoffentlich gezeigt werden konnte, finden sich in den Unternehmen der Energiewirtschaft durchaus Einsatzmöglichkeiten. Anwendungsfälle gäbe es durchaus.

Was Sie aus diesem *essential* mitnehmen können

- Optionen sind Instrumente, die auch in der Energiewirtschaft aus unterschiedlichen Motiven zum Einsatz kommen können.
- Auszahlungsprofile bzw. Gewinn- und Verlustdiagramme verdeutlichen die Einsatzmöglichkeiten dieses Instrumentes.
- Zur Bewertung von Optionen existieren viele theoretische Modelle. Der Weg zur Bewertung einer Option über das Binomialmodell wird hier kurz vorgestellt.
- Praktiker schauen beim Umgang mit Optionen auf die sogenannten „Greeks". Diese liefern eine Aussage über die Wertentwicklung einer Option.

S. Schnorr, *Optionen in der Energiewirtschaft*, essentials,
https://doi.org/10.1007/978-3-658-30465-2

Glossar

Amerikanische Option Eine sogenannte „amerikanische Option" kann während ihrer gesamten Laufzeit ausgeübt werden.

Ausübungspreis („Strike") Der in einer Option festgelegte Preis, zu dem die Option ausgeübt, also der Basiswert ge- oder verkauft werden kann.

Basiswert Der Wert, auf den sich das in der Option verbriefte Recht bezieht.

Binomialmodell Das Binomialmodell ist ein diskretes Modell zur Ermittlung von Optionspreisen. Es basiert auf dem Prinzip des Arbitrage-Portfolios.

Cash Settlement Übt der Käufer der Option das Recht aus, wird im Falle des Cash Settlement nicht der zugrunde liegende Basiswert gehandelt, sondern die sich ergebenden Zahlungsströme werden finanziell ausgeglichen.

Europäische Option Kann eine Option nur zu einem bestimmten Tag, dem sogenannten Verfalltag, ausgeübt werden, spricht man von einer europäischen Option.

Kaufoption („Call") Eine Kaufoption verbrieft das Recht, einen Basiswert zu einem festgelegten Preis (Strike) zu erwerben.

Option Eine Option ist ein bedingtes Termingeschäft. Der Käufer der Option erwirbt das Recht, den Basiswert vom Verkäufer der Option zu kaufen oder an diesen zu verkaufen.

Optionsprämie Der Preis, der für den Erwerb einer Option gezahlt werden muss.

S. Schnorr, *Optionen in der Energiewirtschaft*, essentials, https://doi.org/10.1007/978-3-658-30465-2

Physische Abwicklung Übt der Käufer der Option das Recht aus, wird im Falle des sogenannten Physical Settlement der zugrunde liegende Basiswert gehandelt.

Position: „long position" Als „long position" oder „long" bezeichnet man die Position, die ein Käufer einer Kauf- oder Verkaufoption innehat.
Den Käufer einer Kaufoption bezeichnet man somit als „long call", den Käufer einer Verkaufoption dementsprechend als „long put".

Position: „short position" Die Position, die der Verkäufer einer Option innehat, wird als „short position" oder „short" bezeichnet.
Nach diesem Schema bezeichnet man den Verkäufer einer Kaufoption als „short call", den Verkäufer einer Verkaufoption als „short put".

Verkaufoption („Put") Eine Verkaufoption verbrieft das Recht, einen Basiswert zu einem festgelegten Preis (Strike) zu veräußern.

Literatur

Black, Scholes (1973), Black, Fischer and Scholes, Myron, "The Pricing of Options and Corporate Liabilities", in: The Journal of Political Economy, Vol. 81, No. 3 (May – Jun. 1973), pp. 637–654
Cox, Ross, Rubinstein (1979), Option Pricing: a simplified approach in: Journal of Financial Economics, issue 7, 1979, S. 229–263
Edwards (2010), Energy Trading & Investing, McGraw Hill, New York et al, 2010
EEX [0070a], Kontraktspezifikationen, Version 0070a, Leipzig
EEX (2018), Annual Report 2018, Leipzig, 30.04.2019
Eglinton et al (1999), Managing Energy Price Risk, 2. Edition, Haymarket House, 1999, London
Hockmann, Thießen (2007), Hockmann, Heinz-Josef; Thießen, Friedrich, Handbuch des Investment Banking, 2. Auflage, Schäffer-Poeschel Verlag Stuttgart, 2007
Schnorr (2019), Schnorr, Stephan, Portfoliomanagement in Stadtwerken, 2. Auflage, Springer Gabler, 2019

Weiterführende Literatur

Burger et al (2014), Burger, Markus; Gräber, Bernhard; Schindlmayer, Gero, Managing Energy Risk: An Integrated View on Power and Other Energy Markets, 2. Auflage, Wiley
Hull, John (2017), Options, Futures, and Other Derivatives, 10. Auflage, Pearson
Prof. Dr. Schwintowski, Hans-Peter et al (2018), Handbuch Energiehandel, Erich Schmidt Verlag GmbH und Co KG